Die Blütenpflanze

Die Deutsche Bibliothek – CIP-Einheitsaufnahme

Riha, Susanne: Mein erster Pflanzenführer / Susanne Riha. –
Wien: Ueberreuter, 1992
ISBN 3-8000-1466-1

J 1983/1

Umschlag, Illustrationen und Layout von Susanne Riha

Printed in Austria

Susanne Riha

Mein erster Pflanzenführer

Ueberreuter

Margarite

Storchenschnabel

Auf der Wiese

Auf der Frühlingswiese weiden die Kühe. Der Kohlweißling flattert durch die warme Luft. Die Schwalbe fängt Insekten. Bienen und Hummeln werden von den bunten Kelchen der Blumen angelockt. Sie sammeln Blütenstaub und Nektar. Sie fliegen von Blüte zu Blüte und bringen so den Pollen der einen Blume auf den Stempel der anderen. Dieser Vorgang heißt Bestäubung. Viele Blumen werden auch vom Wind bestäubt. Danach kann die Pflanze ihre Samen bilden.

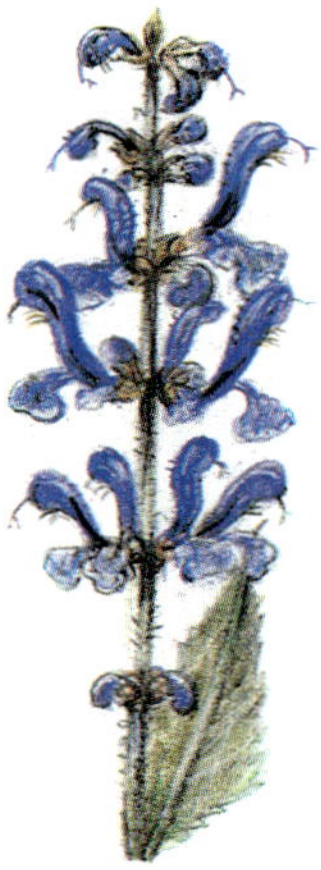

Wiesensalbei

Löwenzahn

Breitwegerich

Wiesenklee

Bibernelle
Gänseblümchen
Glockenblume
Lichtnelke
Hahnenfuß
Mädesüß

BREITWEGERICH Blütezeit: Juni bis Oktober / Blütenstand: Ähre / Blätter: verkehrt eiförmig.
Der Breitwegerich wird einerseits als Heilpflanze bezeichnet, andererseits als »Unkraut«. Du findest ihn sowohl am Feldweg als auch am Straßenrand, denn mit seinen flachen Blättern ist er ziemlich »trittfest«.

WIESENKLEE Blütezeit: Mai bis September / Blätter: spitz eiförmig.
Der Wiesenklee hat ein längliches Blütenköpfchen und riecht gut. Seit vielen Jahrhunderten wird er von den Bauern als Futterpflanze angebaut. Der Wiesenklee wächst auch auf Äckern und auf Waldlichtungen.

LÖWENZAHN Blütezeit: April bis Juli / Blütenstand: Körbchen / Blätter: pfeilförmig.
Der Löwenzahn ist eine alte Heilpflanze. Er hat tief gezackte Blätter. Sein Stengel enthält einen milchigen Saft. Die Blüte reift nach einigen Wochen zur »Pusteblume«. Die jungen Blätter kannst du als Salat essen.

MARGARITE Blütezeit: Mai bis Oktober / Blätter: lanzenförmig gezähnt.
Auf dem langen Stengel sitzt das Blütenkörbchen: viele gelbe Blüten und rundherum ein Kranz weißer Randblüten. Die Margarite heißt auch Orakelblume: beim Abzupfen der Blütenblätter sagt man abwechselnd: »Du liebst mich – du liebst mich nicht . . .«

HAHNENFUSS Blütezeit: Mai bis Juli / Blütenstand: Einzelblüte.
Die Blätter der Pflanze sehen dem Fuß eines Hahns ähnlich. Die frische Pflanze ist sehr giftig und wird von den Weidetieren gemieden. Getrocknet, im Heu, ist sie dagegen unschädlich.

GÄNSEBLÜMCHEN Blütezeit: Februar bis November / Blütenstand: Körbchen / Blattform: verkehrt eiförmig.
Die Blätter des Gänseblümchens liegen auf dem Boden auf. Beim Mähen der Wiese bleiben sie oft unverletzt. So kann das Gänseblümchen rascher als die größeren Pflanzen nachwachsen. Nachts schließt es seine Blüte.

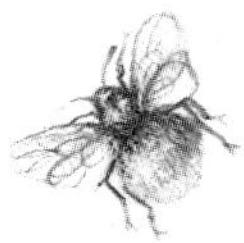

LICHTNELKE Blütezeit: Mai bis August / Blütenstand: Rispe / Blätter: lanzenförmig.
Die Lichtnelke heißt auch Pechnelke. Sie liebt eher trockene Wiesen und wird nicht nur von Bienen, sondern auch von Schmetterlingen besucht.

STORCHENSCHNABEL Blütezeit: Mai bis August / Blütenstand: Je zwei Blüten / Blätter: handförmig.
Der Storchenschnabel trägt seinen Namen wegen seiner schnabelartigen Früchte. Nach der Bestäubung nickt die Blüte nach unten. Die reife Frucht schleudert ihre Samen bis zu zwei Meter weit heraus.

BIBERNELLE Blütezeit: Juni bis Oktober / Blütenstand: Dolde / Blätter: gefiedert.
Die Bibernelle hat einen gerillten Stengel und winzige weiße Blüten. Sie ist eine ausdauernde Pflanze und liebt die Sonne. Ihre Blätter stinken, wenn du sie zerdrückst.

GLOCKENBLUME Blütezeit: Juni bis August / Blütenstand: Rispe / Blätter: schmal lanzenförmig.
Die Glockenblume hat einen hohen, dünnen Stengel. Ihre Blüten nicken meist herunter. Die Glocken enden immer in fünf Spitzen. Du findest die Glockenblume auch auf Waldlichtungen und an Mauern.

MÄDESÜSS Blütezeit: Juni bis August / Blütenstand: Dolde / Blätter: gefiedert.
Mädesüß duftet stark. Seinen Namen erhielt es wahrscheinlich von dem altdeutschen Wort »Met«. Das ist die Bezeichnung für ein Honiggetränk. Die Blätter des Mädesüß wurden zum Würzen des Mets verwendet.

WIESENSALBEI Blütezeit: Mai bis August / Blätter: spitz eiförmig.
Die Blüten des Wiesensalbeis sind zu je sechs um den vierkantigen Stengel angeordnet. Seine Blätter sind runzelig. Trockenheit kann der Wiesensalbei wegen seiner tiefen Wurzeln gut überstehen.

Bärlauch
Zyklame
Springkraut
Lungenkraut
Buschwindröschen
Akelei

Schneeglöckchen

Leberblümchen

Im Wald und am Waldrand

Es ist zeitig am Morgen. Der Kleiber läuft den Stamm hinunter. Er beginnt mit seinen Rufen. Die Rehe äsen auf der Wiese, und der Hase sucht ein Versteck für seine Tagruhe.

Im Frühlingswald riecht es nach Bärlauch. Hier blühen auch Haselnußstrauch und Hängebirke, Buschwindröschen, Lungenkraut und Leberblümchen.

Waldmeister

Seidelbast

Walderdbeere

Maiglöckchen

LEBERBLÜMCHEN Blütezeit: März bis Mai / Blütenstand: Einzelblüte / Blätter: dreigeteilt. Bevor die Bäume Blätter tragen, blüht das Leberblümchen. Seine Samen fallen zu Boden und werden von Ameisen verbreitet. Die Pflanze galt früher als Mittel gegen Leberleiden. Heute steht sie unter Naturschutz.

SCHNEEGLÖCKCHEN Blütezeit: Februar, März / Blütenstand: Einzelblüte / Blätter: nadelförmig. Ganz zeitig im Frühjahr blüht das Schneeglöckchen. Der grüne Rand an seinen inneren Blütenblättern duftet und lockt Insekten an. Das Schneeglöckchen steht unter Naturschutz.

ZYKLAME Blütezeit: Juli bis September / Blütenstand: Einzelblüte / Blätter: herzförmig. Die Blätter der Zyklame sind auf der Unterseite dunkelrot. Ihre Blütenstiele rollen sich nach dem Verblühen wie eine Feder ein. Die Zyklame ist giftig. Sie steht unter Naturschutz.

WALDMEISTER Blütezeit: April, Mai / Blütenstand: Dolde / Blätter: lanzenförmig. Den Waldmeister findest du vor allem im Laubwald. Seine Blätter sind quirlartig um den Stengel angeordnet. Am stärksten duftet Waldmeister, wenn er verwelkt.

SPRINGKRAUT Blütezeit: Juni bis September / Blütenstand: Dolde / Blätter: spitz eiförmig. Die Blüten des Springkrauts haben einen Sporn und sind innen rot gepunktet. Die Pflanze heißt auch »Rühr-mich-nicht-an«, denn bei Berührung schleudert die reife Frucht ihre Samen heraus.

MAIGLÖCKCHEN Blütezeit: Mai, Juni / Blütenstand: Traube / Blätter: lanzenförmig. Das Maiglöckchen duftet stark. Es enthält Stoffe, die auch heute noch für die Herstellung von Arzneien verwendet werden. Die Beeren des Maiglöckchens sind giftig. Die Pflanze steht unter Naturschutz.

SEIDELBAST Blütezeit: März bis Mai / Blätter: lanzenförmig.
Der Seidelbast liebt den Schatten. Seine Blüten sitzen rund um den holzigen Stamm. An den Enden der Zweige trägt er Blattbüschel. Die anderen Blätter treibt der Seidelbast erst nach der Blüte aus.

BÄRLAUCH Blütezeit: April bis Juni / Blütenstand: Dolde / Blätter: lanzenförmig.
Der Bärlauch tritt meist in großen Mengen auf. Er hat sternförmige, weiße Blüten und lange, glänzende Blätter.
Wenn du ein Blatt des Bärlauchs zerdrückst, riecht es stark nach Knoblauch.

AKELEI Blütezeit: Mai bis Juli / Blütenstand: Einzelblüte / Blätter: dreigeteilt..
Das germanische Wort »ak« hieß soviel wie »spitz«. Damit war der Sporn am Ende des Blütenblattes gemeint. Hummeln beißen die Sporne auf, denn hier befindet sich der Nektar.
Die Akelei steht unter Naturschutz.

LUNGENKRAUT Blütezeit: März bis Mai / Blütenstand: Dolde / Blätter: länglich herzförmig.
Die Blüten des Lungenkrauts sind zuerst rosa, später färben sie sich blau. Seine Blätter können weiß gefleckt sein. Ihren Namen bekam die Pflanze, weil sie früher gegen Lungenkrankheiten verwendet wurde.

BUSCHWINDRÖSCHEN Blütezeit: März bis Mai / Blütenstand: Einzelblüte / Blätter: handförmig.
Das Buschwindröschen ist ein häufig auftretender Frühlingsbote. In der Nacht und bei Regen schließt sich seine Blüte und hängt herunter. Das Buschwindröschen ist giftig.

WALDERDBEERE Blütezeit: April bis Juni / Blütenstand: Dolde / Blätter: spitz eiförmig.
Die Walderdbeere gedeiht auf sonnigen Plätzen. Ihre Blätter sind auf der Unterseite behaart. Ihre Frucht schmeckt süß.
Aber auch die Blätter der Walderdbeere kannst du verwenden: Trockne sie und bereite einen Tee.

Bärlapp
Aronstab
Brunnenkresse
Beinwell
Vergißmeinnich
Gänsefingerkraut

Schachtelhalm

Milzkraut

Am Bach

Langsam geht die Sonne unter. Den ganzen Tag über haben Bachstelze und Heckenbraunelle am Wasser Insekten gefangen. Jetzt kommt die Wasserspitzmaus aus ihrem Versteck. Am Bach blühen das Jahr über Pestwurz und Beinwell, Nachtkerze und Wasserdost. Alle Pflanzen wachsen am Ufer des Baches, nur die Brunnenkresse gedeiht auch im Wasser.

Wasserdost

Nachtkerze

Scharbockskraut

Pestwurz

GÄNSEFINGERKRAUT Blütezeit: Mai bis Juli / Blütenstand: Einzelblüte / Blätter: gefiedert.
Das Gänsefingerkraut liebt nahrhaften Boden. Es kann auch an Meeresküsten wachsen, da ihm der Salzgehalt des Bodens nichts ausmacht. Seine Blätter sind auf der Unterseite behaart.

VERGISSMEINNICHT Blütezeit: Mai bis August / Blütenstand: Traube / Blätter: lanzenförmig.
Das Vergißmeinnicht kann blaue und rosa Blüten haben. Die Farbe hängt vom Säuregehalt der Blüte ab. Wirf eine blaue Blüte in einen Ameisenhaufen. Die Ameisen werden sie mit ihrer Säure »rot beißen«.

MILZKRAUT Blütezeit: März bis Juni / Blütenstand: Dolde / Blätter: nierenförmig bis rund.
Die obersten Blätter des Milzkrauts sind meist gelblich. Sein Stengel knickt leicht. Früher wurde die Pflanze für ein Mittel gegen Erkrankungen der Milz gehalten.

BRUNNENKRESSE Blütezeit: Mai bis September / Blütenstand: Dolde / Blätter: gefiedert.
Die Brunnenkresse hat winzige weiße Blüten und fleischige Blätter. Sie wächst auch im Wasser. Du kannst ihre Blätter als Salat essen. Sie enthalten viel Vitamin C.

NACHTKERZE Blütezeit: Juni bis August / Blütenstand: Ähre / Blätter: lanzenförmig.
Die Blüten der Nachtkerze öffnen sich erst gegen Abend. In der Nacht zieht der Duft dieser Pflanze viele Falter an. Die Nachtkerze wurde aus Amerika zu uns gebracht.

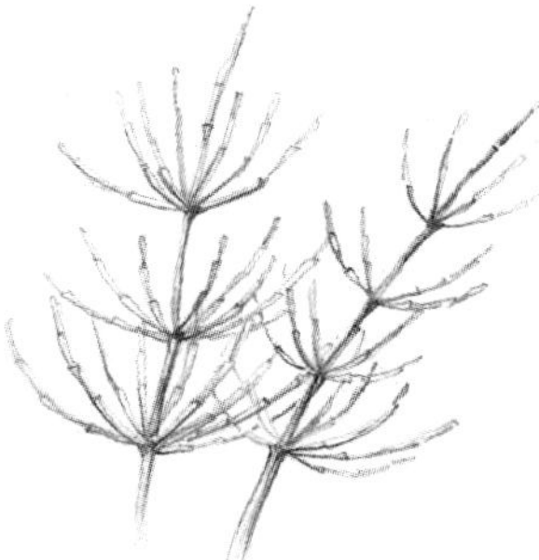

SCHACHTELHALM Keine Blüten, sondern Ähren mit Sporen / Bildung der Ähren: Mai, Juni.
Wenn du an einem Halm anziehst, reißt er an einer der verdickten Stellen ab. An diesen Wachstumsstellen kannst du den Halm leicht wieder »ineinanderschachteln«.

BEINWELL Blütezeit: Mai bis August / Blütenstand: Dolde / Blätter: spitz eiförmig.
Die Blüten des Beinwells können rot, violett oder gelblich sein. Stengel und Blätter sind rauh behaart. Im Mittelalter wurde die Pflanze zur Heilung von Knochenbrüchen verwendet. Daher kommt ihr Name.

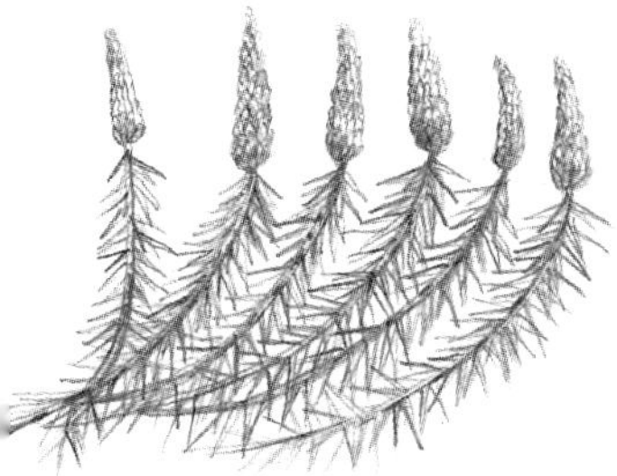

BÄRLAPP Keine Blüten, sondern Ähren mit Sporen / Bildung der Ähren: August, September.
Der Bärlapp ist eine immergrüne Pflanze. Sein Stengel »kriecht« über den Boden, nur die Äste stehen in die Höhe. Der Bärlapp wird deshalb auch Schlangenmoos genannt.

SCHARBOCKSKRAUT Blütezeit: März bis Mai / Blütenstand: Einzelblüte / Blätter: handförmig.
Das Scharbockskraut ist eine alte Heilpflanze. Sie enthält viel Vitamin C und wurde früher gegen die Seemannskrankheit Skorbut (Vitaminmangel) eingesetzt. So kam sie zu ihrem seltsamen Namen.

PESTWURZ Blütezeit: März, April / Blütenstand: Körbchen bilden Dolde / Blätter: herzförmig.
Die riesigen Blätter der Pestwurz entwickeln sich erst nach der Blüte. Sie sind auf der Unterseite wollig behaart.
Im Mittelalter dienten die Wurzeln der Pflanze als Arznei gegen die Pest.

WASSERDOST Blütezeit: Juli bis September / Blütenstand: Körbchen bilden Dolde / Blätter: lanzenförmig.
Der Wasserdost hat hell- bis dunkelrote Blüten. Das alte deutsche Wort »Doste« heißt »Blumenstrauß«. Früher hängten die Leute den Dost über die Eingangstür, um das Haus vor Hexen und Teufeln zu schützen.

ARONSTAB Blütezeit: Mai, Juni / Blütenstand: Einzelblüte / Blätter: pfeilförmig.
Der Aronstab ist eine »Insektenfalle«. Kleine Fliegen schlüpfen hinein und sind bis zum Verblühen der Pflanze darin gefangen. Inzwischen bestäuben sie aber die Blüte und ernähren sich vom Blütennektar.

Rose

Schwertlilie

Im Garten

Im Juni sind die Kirschen reif. Das Beet ist voll mit Blumen: Es blühen Rose, Schwertlilie, Rittersporn und viele mehr. Die Gartenblumen sind Züchtungen wildwachsender Pflanzen. Sie sind größer und farbenprächtiger.

Der Gärtner hat das ganze Jahr zu tun. Im Frühling muß er umgraben, düngen und pflanzen. Im Sommer wollen die Pflanzen täglich gegossen werden. Im Herbst schneidet er welke Blüten und Äste ab. Später deckt er die Beete mit Reisig zu.

Aster

Fingerhut

Stiefmütterchen

Hyazinthe

Narzisse
Krokus
Sonnenblume
Rittersporn
Tulpe
Zinnie

KROKUS Blütezeit: März, April / Blütenstand: Einzelblüte / Blätter: nadelförmig.
Die Knollen des Krokus mußt du im Herbst zehn Zentimeter tief in der Erde vergraben. Im Frühjahr erscheinen zuerst die Blüten, später die länglichen Blätter. Krokusse können weiß, gelb oder blau blühen.

RITTERSPORN Blütezeit: Juli, August / Blütenstand: Traube / Blätter: handförmig.
Jede Blüte des Rittersporns trägt hinten einen Sporn. Die wilde Form der Pflanze wächst häufig auf Feldern.
Der Rittersporn im Garten liebt die Sonne und kann bis zu eineinhalb Meter hoch werden.

ZINNIE Blütezeit: Juli bis September / Blütenstand: Körbchen / Blätter: spitz eiförmig.
Wenn du im Gartenbeet Zinnien setzen willst, kaufst du am besten die Jungpflanzen in der Gärtnerei. Denn Zinnien sind sehr kälteempfindlich. Es gibt sie in weiß, gelb, rot und violett.

STIEFMÜTTERCHEN Blütezeit: April bis Juli / Blütenstand: Einzelblüte / Blätter: lanzenförmig.
Das unterste Blütenblatt ist die »Stiefmutter«. Die beiden Blätter darüber sind ihre Töchter. Doch die beiden obersten Blätter haben wenig Platz und müssen sich zusammendrängen. Sie sind die Stieftöchter.

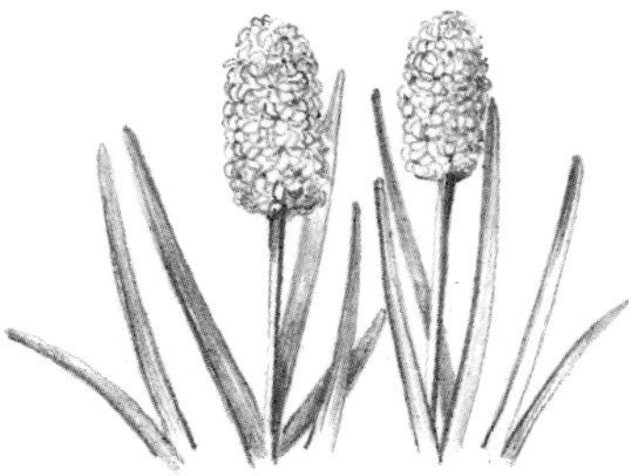

HYAZINTHE Blütezeit: April, Mai / Blütenstand: Ähre / Blätter: spitz bandförmig.
Die wildwachsende Hyazinthe blüht blau. Im Garten wachsen auch rosa, weiße und gelbe Formen. Am Balkon kannst du die Hyazinthe auch als Topfpflanze ziehen. Setze die Zwiebeln im Herbst ein. Schütze sie vor Frost.

FINGERHUT Blütezeit: Juni, Juli / Blütenstand: Traube / Blätter: lanzenförmig.
Der Fingerhut bevorzugt den Schatten. Seine »Hütchen« tragen innen dunkle Flecken. Die Blätter sind auf der Unterseite pelzig. Der Fingerhut kann bis zu zwei Meter hoch werden. Die Pflanze ist giftig.

TULPE Blütezeit: April, Mai /
Blütenstand: Einzelblüte / Blätter: spitz bandförmig.
Die Heimat der Tulpe ist die Türkei. Vor langer Zeit ist sie zusammen mit dem Flieder zu uns gebracht worden. Setze die Tulpenzwiebeln im Herbst ins Gartenbeet ein. Drücke sie ungefähr zehn Zentimeter in die Erde.

NARZISSE Blütezeit: April, Mai /
Blütenstand: Einzelblüte / Blätter: spitz bandförmig.
Die Narzisse heißt auch Osterglocke. Sie war bereits den alten Römern bekannt. Setze die Zwiebeln der Narzisse genauso wie die Tulpenzwiebeln ein. Achte dabei auf ein sonniges Plätzchen.

ROSE Blütezeit: Juni bis Oktober /
Blütenstand: Einzelblüte oder Dolde / Blätter: gefiedert.
Es gibt viele verschiedene Rosenarten in fast allen Farben. Die Rose liebt die Sonne. Schneide verwelkte Blüten ab. So kann die Pflanze schnell nachtreiben und wieder blühen.

SCHWERTLILIE Blütezeit: Mai, Juni /
Blütenstand: Einzelblüte / Blätter: schwertförmig.
Die Schwertlilie wächst gerne an Mauern. Ihre Blüte besteht aus drei aufrechten Blättern, die den »Dom« bilden, und drei herunterhängenden. Die hängenden Blätter haben innen gelbe Flecken und sind am Rand gewellt.

ASTER Blütezeit: August, September /
Blütenstand: Körbchen bilden Dolde / Blätter: lanzenförmig.
Astern brauchen viel Sonne und Platz, da sie sich stark verzweigen. Ihre Blätter und Stengel sind behaart. Es gibt rosa, rote, blaue und violette Arten von Astern.

SONNENBLUME Blütezeit: August bis Oktober /
Blütenstand: Körbchen / Blätter: lanzen- bis herzförmig.
Drücke im April zehn Sonnenblumenkerne in einen Topf mit Erde. Den größten Sämling läßt du später weiterwachsen. Sonnenblumenkerne sind ölhaltig und schmecken gut. Verwende sie im Winter auch als Vogelfutter.

Wasserknöterich

Pfeilkraut

Am Teich

Sommerhitze liegt über dem Teich. Die kleinen Enten sind bereits drei Monate alt. Auch das Nest des Teichrohrsängers ist schon lange leer. Im seichten Wasser sucht der Graureiher nach Nahrung.
Die Pflanzen des Teichs sind sehr anpassungsfähig. Viele von ihnen können am Land oder im Wasser gedeihen.

Rohrkolben

Froschlöffel

Sumpfdotterblume

Seerose

Teichrose
Wasserlinse
Wasserschwertlilie
Schilf
Wasserhahnenfuß
Wasserpest

ROHRKOLBEN Blütezeit: Juli bis August / Blütenstand: Ähre / Blätter: spitz bandförmig.
Die Pflanze ragt oft zwei Meter aus dem Wasser heraus. Ihre Blüten sitzen in dem braunen, samtenen Kolben. Die Blätter des Rohrkolbens werden zuerst gebeizt und dann zum Abdichten von Fässern verwendet.

SCHILF Blütezeit: Juli bis September / Blütenstand: Rispe / Blätter: spitz bandförmig.
Das Schilf ist das größte einheimische Gras. Es kann bis zu zehn Meter hoch werden. Im Schilfgürtel am Ufer leben viele Vögel und Insekten. Achtung! Der Rand eines Schilfblattes ist sehr scharf.

FROSCHLÖFFEL Blütezeit: Juni bis September / Blütenstand: Rispe / Blätter: löffelförmig.
Der Froschlöffel wächst im Wasser und an feuchten Ufern. Er öffnet seine Blüten nur einen halben Tag lang. Seine Samen schwimmen auf dem Wasser und werden von Wasservögeln verbreitet.

PFEILKRAUT Blütezeit: Juni bis August / Blütenstand: Rispe / Blätter: pfeilförmig.
Die Blätter des Pfeilkrauts sind nur über dem Wasser pfeilförmig. Sie heißen auch »Luftblätter«. Die Tauchblätter dagegen sind lang und schmal. Die weißen Blüten des Pfeilkrauts sind in der Mitte rötlich oder violett.

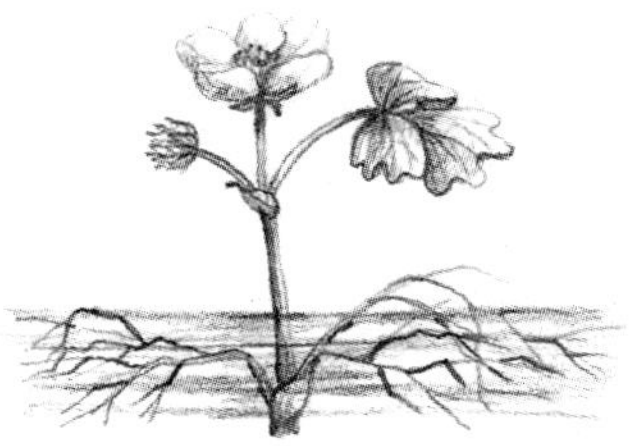

WASSERHAHNENFUSS Blütezeit: Juni bis August / Blütenstand: Einzelblüte / Blätter: meist dreigeteilt.
Der Wasserhahnenfuß hat lappenartige Schwimmblätter und verästelte Tauchblätter. Er kann manchmal so stark wuchern, daß seine weißen Blüten das Wasser wie feiner Schnee bedecken.

SUMPFDOTTERBLUME Blütezeit: April bis Juni / Blütenstand: Blüten oft paarweise / Blätter: nierenförmig.
Die leuchtend gelbe Sumpfdotterblume ist leicht zu erkennen. Sie wächst häufig auf sumpfigen Wiesen. Ihre Blüten enthalten viel Nektar, ihre Samen treiben auf dem Wasser. Die Blume ist schwach giftig.

WASSERSCHWERTLILIE   Blütezeit: Mai bis Juli /
Blütenstand: Einzelblüte / Blätter: spitz bandförmig.
Die Wasserschwertlilie findest du nur auf feuchtem Uferboden. Ihre äußeren Blütenblätter tragen dunkle Flecken. Die Lilie ist giftig und steht unter Naturschutz.

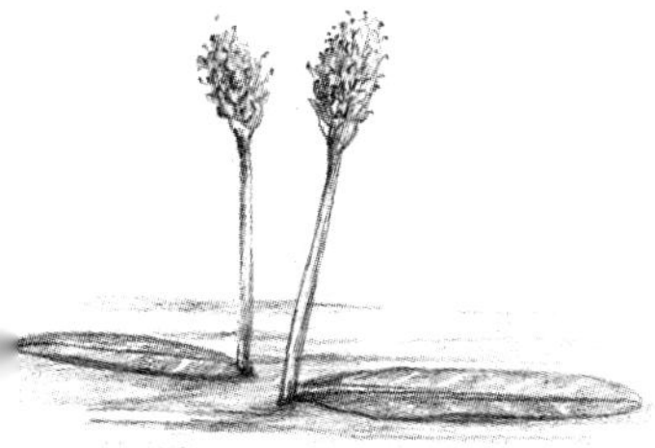

WASSERKNÖTERICH   Blütezeit: Juni bis September /
Blütenstand: Ähre / Blätter: lang herzförmig.
Der Wasserknöterich ist eine sehr widerstandsfähige Pflanze. Du findest ihn am trockenen Ufer genauso wie im Wasser. Die Schwimmblätter des Wasserknöterichs sind glänzend dunkelgrün.

TEICHROSE   Blütezeit: Juni bis September /
Blütenstand: Einzelblüte / Blätter: eiförmig.
Anders als die Seerose entwickelt die Teichrose auch Tauchblätter. Die Samen der Teichrose treiben eine Zeitlang auf dem Wasser, um sich zu verbreiten. Dann sinken sie auf den Grund.

SEEROSE   Blütezeit: Mai bis September /
Blütenstand: Einzelblüte / Blätter: rund herzförmig.
Lange Stengel verbinden die Seerose und ihre Blätter mit dem Wurzelstock im Schlammgrund. Die Stengel sind bis zu drei Meter lang. Die Seerose öffnet sich gegen sieben Uhr morgens und schließt sich am späten Nachmittag.

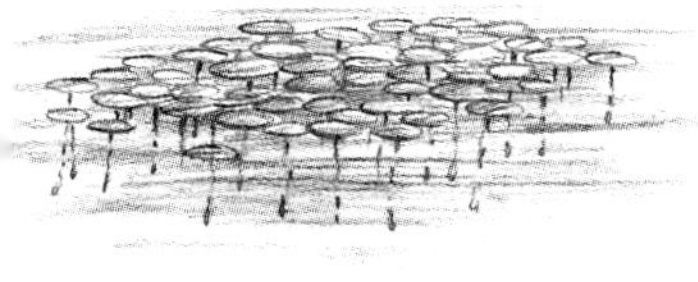

WASSERLINSE   Blütezeit: Mai, Juni /
Blütenstand: winzige Kolben / Blätter: rund.
Die kleinen Blätter der Wasserlilie schwimmen auf der Oberfläche. Viele Linsen bilden zusammen einen Teppich und werden »Entengrütze« genannt. Denn sie sind ein gutes Futter für junge Enten.

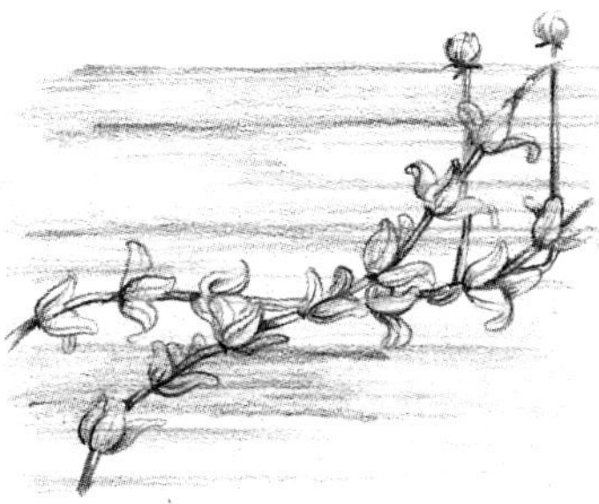

WASSERPEST   Blütezeit: Mai bis August /
Blütenstand: Einzelblüte / Blätter: eiförmig.
Die Wasserpest schwimmt unter Wasser. Du erkennst sie an ihren oft meterlangen Stengeln. Im letzten Jahrhundert war die Pflanze so verbreitet, daß sie an manchen Orten Schiffahrt und Fischfang behinderte.

Arnika

Alpenrose

Am Berg:

Es ist Hochsommer. Das Murmeltier ist auf die Bergwiese heruntergekommen. Hier wachsen Föhre und Bergahorn. Der Apollofalter flattert von Blüte zu Blüte. Es blühen Türkenbund, Arnika und Alpenrose.
Die großen und kleinen Pflanzen des Gebirges festigen den Boden und tragen so zum Schutz vor Geröll und Lawinen bei. Leider sind viele Alpenpflanzen selten geworden und stehen deshalb unter Naturschutz.

Teufelskralle

Germer

Primel

Veilchen

Enzian
Edelweiß
Türkenbund
Eisenhut
Silberdistel
Hauswurz

ARNIKA Blütezeit: Juni bis August / Blütenstand: Körbchen / Blätter: eiförmig.
Die Arnika heißt auch »Wohlverleih« und ist eine alte Heilpflanze. Sie riecht stark. Der Stengel ist flaumig behaart. Leider ist die Pflanze selten geworden und steht deshalb unter Naturschutz.

VEILCHEN Blütezeit: April bis Juni / Blütenstand: Einzelblüte / Blätter: herzförmig.
Das Veilchen liebt trockenen Boden. Das unterste seiner fünf Blütenblätter endet in einem Sporn. Die Samen des Veilchens sind ölig und werden deshalb von Ameisen vertragen.

TÜRKENBUND Blütezeit: Juni bis August / Blütenstand: Traube / Blätter: lanzenförmig.
Die Blüten des Türkenbunds sehen wie kleine Turbane aus. Stempel und Staubgefäße stehen weit vor. Der starke Duft der Pflanze lockt abends und in der Nacht Schmetterlinge an. Der Türkenbund steht unter Naturschutz.

PRIMEL Blütezeit: März, April / Blütenstand: Dolde / Blätter: verkehrt eiförmig.
Die Primel blüht zeitig im Jahr. Das lateinische Wort »primus« bedeutet »der erste«. Die Primel heißt auch Schlüsselblume. Die Blüten stehen alle in die gleiche Richtung und erinnern so an den Bart eines Schlüssels.

ENZIAN Blütezeit: Mai bis August / Blütenstand: Einzelblüte / Blätter: lanzenförmig.
Alle Enzianarten stehen unter Naturschutz. Bei diesem »Stengellosen Enzian« ist der Blütenkelch außen grünlich. Er ist nur bei Sonnenschein geöffnet und wird von Hummeln besucht.

EDELWEISS Blütezeit: Juli bis September / Blütenstand: Körbchen / Blätter: lanzenförmig.
Vielleicht findest du in der Nähe eines Felsens ein Edelweiß. Fasse es vorsichtig an: die ganze Pflanze ist filzig weich behaart. Aber nimm das Edelweiß nicht mit, es steht unter strengem Naturschutz.

EISENHUT Blütezeit: Juli bis September / Blütenstand: Traube / Blätter: handförmig.
Den Eisenhut findest du auf feuchten Plätzen. Er wird bis zu eineinhalb Meter hoch. Die obersten Blätter der Blüten haben die Form eines Helms. Der Eisenhut ist giftig und steht unter Naturschutz.

ALPENROSE Blütezeit: Mai bis August / Blütenstand: Dolde / Blätter: lanzenförmig.
Die Alpenrose ist ein Strauch. Sie wächst auch noch sehr hoch am Berg. Ihre Blätter können entweder am Rand behaart sein, oder sie sind auf der Unterseite rostbraun. Beide Arten stehen unter Naturschutz.

GERMER Blütezeit: Juni bis August / Blütenstand: Rispe / Blätter: spitz eiförmig.
Achtung! Der Germer ist sehr giftig. Ohne Blüten kann er mit dem »Gelben Enzian« verwechselt werden. Unterschied: beim Enzian entspringen je zwei Blätter auf gleicher Höhe des Stengels.

SILBERDISTEL Blütezeit: Juni bis September / Blütenstand: Körbchen / Blätter: spitz stachelig.
Die Silberdistel heißt auch Wetterdistel. In feuchter Luft schließen sich die weißen Blütenblätter, bei Trockenheit öffnen sie sich weit. Die große Blüte sitzt dicht am Boden. Die Pflanze steht unter Naturschutz.

TEUFELSKRALLE Blütezeit: Mai bis September / Blütenstand: Ähre / Blätter: spitz eiförmig.
Die weiße Teufelskralle wächst im Laubwald. Am Berg findest du vor allem die blaue Form. Die Blüte einer Teufelskralle ist vor dem Aufblühen gekrümmt. Sie sieht dann wie eine Kralle aus.

HAUSWURZ Blütezeit: Juli bis September / Blütenstand: Blüten zu mehreren / Blätter: lanzenförmig.
Im Mittelalter glaubten die Leute, daß die Hauswurz den Blitz abwehrt. Sie pflanzten sie daher auf den lehmigen Dachfirsten. Du findest die Hauswurz meist an Felsen. Sie steht unter Naturschutz.

Blattformen

pfeilförmig

gefingert

eiförmig

gefiedert

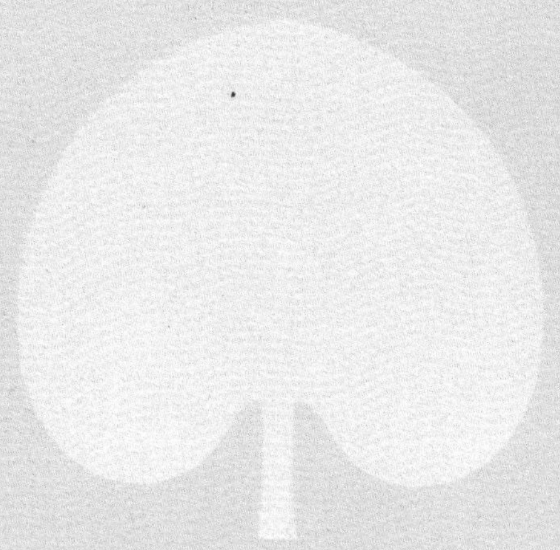

nierenförmig

nadelförmig

herzförmig

handförmig

lanzenförmig